Walt Disney's

Donald Duck

Fensterbilder aus Tonkarton

Charmant, cholerisch, liebenswert, ... Donald Duck!

Will man einer Hollywood-Legende Glauben schenken, ist Donald Duck an einem Freitag, dem 13., ganz unverhofft in die Disney-Studios geschneit. So richtig offiziell feiert der beliebte Enterich aber am 9. Juni seinen Geburtstag - im Jahr 1934 begann sein steiler Karriereweg nach oben!

In dem Film „The Wise Little Hen“ hatte Donald seinen ersten Auftritt. Anfangs gemeinsam mit Micky Maus, später selbst ein Star eroberte sich dieser liebenswerte Choleriker die Herzen von groß und klein - und seien Sie einmal ganz ehrlich: Wer kann diesem charmanten, launischen und dickköpfigen Schlawiner böse sein, wer kann ihm widerstehen, wenn er durch die wildesten Abenteuer stolpert und doch immer wieder halbwegs heil davonkommt?

Die bunten Fensterbilder dieses Buches zeigen Donald von seiner schönsten Seite (natürlich hat er gar keine andere ...) - mal sind ein bißchen mehr Fingerspitzengefühl und Geduld gefragt, mal läßt sich Donald auch ganz einfach basteln. Auf jeden Fall helfen Ihnen aber die Vorlagenbogen, wo Sie nicht nur alle Teile einzeln samt Beschriftung finden, sondern auch jeweils die komplette Figur, die Ihnen Positionierungshilfen gibt.

Und nun - viel Spaß mit Donald Duck!

Monika Gänsler

frechverlag

Für alle Fans von Walt Disneys zauberhaften Figuren: Micky Maus, Dschungelbuch, Aladdin und Bambi als TOPP-Fensterbilder!

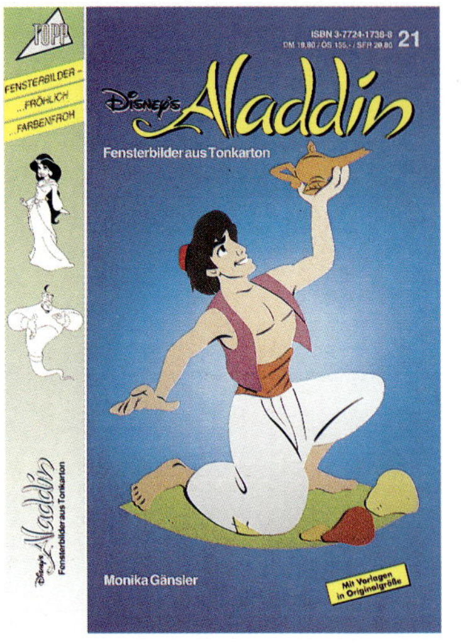

Monika Gänsler
Disneys Aladdin
32 S., A4, Farbfotos u. Vorlagenbg.
TOPP 1738
ISBN 3-7724-1738-8

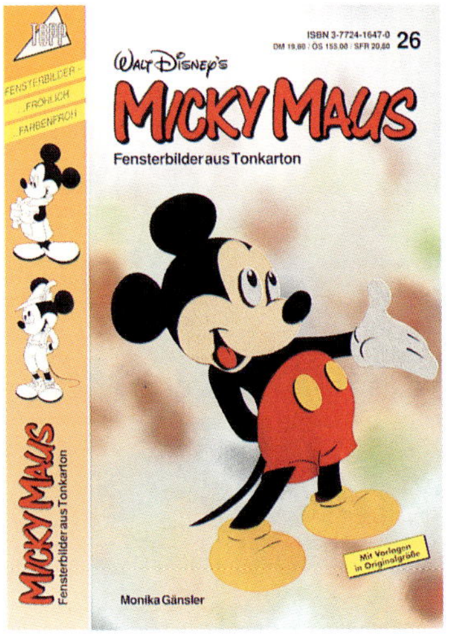

Monika Gänsler
Micky Maus
32 S., A4, Farbfotos u. Vorlagenbg.
TOPP 1647
ISBN 3-7724-1647-0

Monika Gänsler
Das Dschungelbuch
32 S., A4, Farbfotos u. Vorlagenbg.
TOPP 1686
ISBN 3-7724-1686-1

Monika Gänsler
Bambi
32 S., A4, Farbfotos u. Vorlagenbg.
TOPP 1781
ISBN 3-7724-1781-7

Projekt-Management: Anke Maresch
Fotos: frechverlag GmbH + Co. Druck KG, D-70499 Stuttgart, Fotostudio Ullrich & Co., Renningen
Layout: Dieter Betz, Weissach

Auflage: 5. 4. 3. 2. 1. | Letzte Zahlen
Jahr: 1998 97 96 95 94 | maßgebend

1994 erschienen im

frechverlag GmbH+Co. Druck KG, D-70499 Stuttgart
Druck: frechverlag GmbH+Co. Druck KG, D-70499 Stuttgart

ISBN 3-7724-1817-1 · Best.-Nr. 1817

Bastelanleitung

Alle Fensterbilder dieses Buches sind einseitig gearbeitet. Wenn Sie jedoch Ihr Donald-Bild frei aufhängen möchten, wenn also die Rückseite genauso hübsch wie die Vorderseite sein soll, schneiden Sie die entsprechenden Teile zweimal aus. Das Bild erhält dadurch zudem auch mehr Stabilität!

Was Sie unbedingt beachten sollten:
1. Donalds Pupillen werden nur aufgemalt!
2. Das Blau der Augen können Sie ohne weiteres mit einem Buntstift auf den weißen Kopf ebenfalls aufmalen.
Wenn Sie das Blau aufkleben möchten, empfiehlt es sich, weißen Tonkarton mit Acrylfarbe oder mit einem Buntstift einzufärben, falls Sie die richtige Tonkarton-Augenfarbe im Fachhandel nicht finden.

Anfertigung der Schablonen
Die einzelnen Teile des Vorlagenbogens werden mit einem weichen Bleistift auf Transparentpapier (eventuell auch Butterbrotpapier) übertragen.
Diese Zeichnungen kleben Sie auf Pappe und schneiden sie exakt aus.
(Verwenden Sie dafür nicht zu dünne Pappe, sonst knicken später beim Aufzeichnen auf Tonkarton die Ecken leicht um!)

Bei sehr kleinen Teilen können Sie auf die Schablonen auch verzichten und stattdessen die Zeichnung auf der Rückseite des Transparentpapieres nochmals mit einem weichen Bleistift nachziehen. Dann legen Sie das Papier auf den Tonkarton (Fotokarton) der gewünschten Farbe und zeichnen die Linien nochmals nach; dabei überträgt sich der auf der Unterseite haftende Graphit auf den Tonkarton. Die Teile können Sie jetzt ausschneiden. Mit diesem Trick lassen sich auch Klebestellen und die schwarzen Innenlinien markieren.

Wenn Sie mit Schablonen arbeiten, zeichnen Sie die Umrisse jeweils auf den entsprechenden Tonkarton (Fotokarton) und schneiden die Teile aus. Beim Zusammensetzen orientieren Sie sich am Bild und an den Anleitungstexten - die Vorlagen der fertigen Szenen geben Ihnen zudem Positionierungshilfen!

Anhand des Titelseiten-Motives können Sie auf dem Vorlagenbogen erkennen, wie ein Fensterbild zusammengestellt wird.

Um den richtigen Aufhängepunkt zu finden, nehmen Sie das fertige Bild zwischen Daumen und Zeigefinger und balancieren es aus. Mit Nadel und Faden wird das Bild an dieser Stelle durchstochen. Und schon können Donald und sein charmantes Chaos sich an Ihrem Fenster verbreiten!

Bastelmaterial

Alle Donald-Fensterbilder wurden aus Tonkarton (Fotokarton) gebastelt.

Werkzeug
- ◆ eine mittelgroße, spitze Schere für Umrisse und grobe Arbeiten
- ◆ eine kleine, spitze Schere für exakte, feinste Ausarbeitungen
- ◆ eine halbrunde Nagelschere für kleine Rundungen
- ◆ ein Cutter für schwer zugängliche Stellen

Klebstoff
Als besonders günstig haben sich Klebestifte erwiesen, da bei Flüssigkleber die Gefahr besteht, daß er hervorquillt.
Damit zusammengeklebte Teile anfangs nicht verrutschen, kann man sie mit Wäscheklammern zusammenhalten, bis sie getrocknet sind. Eventuell auftretende Klebstoffspuren werden mit einem Radiergummi beseitigt.

Stifte
Für die Innenlinien Ihres Fensterbildes brauchen Sie einen schwarzen Stift. Zudem sollten noch einige Buntstifte bereitliegen, und natürlich darf auch ein Bleistift nicht fehlen.

Mmh, lecker!

Farben:
Schwarz, Weiß, Blau, Rot, Grün, Pink, Orange, Hellblau, Hellgelb, Weinrot, Rosa, Dunkelgrün, Hellbraun, Curry

Vorarbeiten:
1. Donalds Schnabel
Der aus drei Teilen bestehende Schnabel wird zusammengesetzt:
Auf der orangefarbenen Grundform sitzen das curryfarbene Schnabelinnere und die pinkfarbene Zunge.

2. Mütze
Beide schwarzen Teile an der blauen Mütze fixieren - eines von vorne, eines von hinten.

3. Eis
Setzen Sie das Eis von unten nach oben, also von der Waffel bis zur grünen Eiskugel zusammen.

Und so wird's gemacht:
Donalds blauer Oberkörper erhält zuerst die hellgelben Streifen am Kragen und an den Ärmeln. Als nächstes kleben Sie den weißen Kopf samt Hals und die rote Fliege fest. Wenn Sie beide hellblauen Augen fixiert haben, wird von hinten die fertige Mütze und von vorne der zusammengeklebte Schnabel am Kopf angebracht. Nun fixieren Sie den fertigen Oberkörper von vorne am weißen Unterkörper. Das Schleckermäulchen bekommt von hinten sein linkes Bein und das rechte Bein von vorne.
Nachdem Sie beide Hände angebracht haben, darf Donald endlich von hinten noch sein riesengroßes Eis halten. Aber vergessen Sie nicht, ihn dann auch ganz schnell auf die grüne Bodenfläche zu kleben, sonst bekleckert er Ihnen Ihre ganze Arbeitsfläche mit Eis! Die Innenlinien müssen Sie noch mit einem schwarzen Stift ergänzen!

Schiffbruch!

Farben:
Weiß, Orange, Hellblau, Dunkelblau, Sandfarben, Petrol, Dunkelorange, Dunkelbraun

Vorarbeiten:
1. Donalds Kopf
Sie müssen beide Augen fixieren und anschließend den orangefarbenen Schnabel anbringen.

2. Rechter Arm
Dieser weiße Arm wird vorne mit dem vorderen, von hinten mit dem hinteren Paddelteil beklebt.

Und so wird's gemacht:
Donalds petrolfarbener Oberkörper erhält von vorne den fertigen Kopf und seinen linken Arm, von hinten die dunkelblaue Hose.
Vervollständigen Sie Donalds Unterkörper, indem Sie von vorne beide Beine und von hinten das Schwänzchen ergänzen.
Dann fixieren Sie den vorgefertigten rechten Arm samt Paddel und plazieren Donald auf der sandfarbenen Grundfläche.

Und bevor Donald einen seiner gefürchteten Wutanfälle bekommt, sollten Sie ihm noch rasch seine Innenlinien geben und einen Seestern auf den Sand legen!

So eine Frechheit!

Farben:
Weiß, Schwarz, Blau, Hellblau, Orange, Rot, Hellgelb, Grün, Orangegelb, 2 verschiedene Brauntöne

Vorarbeiten:

1. Donalds Kopf
Kleben Sie das linke Auge und danach den orangefarbenen Schnabel an.

2. Donalds Mütze
Die beiden schwarzen Teile anbringen, und zwar eines von vorne, eines von hinten.

3. Rechter Ärmel
Dieser Ärmel erhält einen gelben Streifen.

4. Vogel
Von vorne den Schnabel und den linken Flügel fixieren, von hinten den rechten Flügel.

Und so wird's gemacht:
Donalds blaue Jacke muß als erstes den rechten Ärmel, dann die beiden gelben Kragenteile, den gelben Rand des linken Ärmels und zum Schluß die rote Fliege erhalten. Wenn Sie jetzt die rechte Hand anbringen, liegt der Daumen auf der roten Fliege! Ergänzen Sie nun von vorne den fertigen Kopf und von hinten die linke Hand, der Maiskolben folgt von vorne.
Und was wäre Donald Duck ohne sein keckes, weißes Hinterteil, das von hinten mit dem linken Bein und von vorne mit dem rechten Bein beklebt wird? Nachdem Donald sich ins Gras gesetzt hat und sich so richtig auf seine herzhafte Mahlzeit freut, kommt auch gleich der kleine Gast geflogen.
Vielleicht stimmen Donald seine aufgemalten Innenlinien etwas freundlicher und er gibt dem Vögelchen etwas ab?!

Hallo, hier bin ich!

Farben:
Weiß, Schwarz, Blau, Hellblau, Hellgelb, Orange, Rot, Curry, Pink

Vorarbeiten:
1. Donalds Kopf
Der weiße Kopf erhält seine beiden Augen und danach den orangefarbenen Schnabel, auf dem das Schnabelinnere fixiert wird; die kleine pinkfarbene Zunge folgt.

2. Mütze
Die aus drei Teilen bestehende Mütze muß zusammengesetzt werden.

Und so wird's gemacht:
Donalds blaue Jacke verzieren Sie mit der gelben Krageneinfassung, den beiden gelben Ärmelrändern, dann mit dem fertigen Kopf, den beiden Händen und zum Schluß mit der roten Fliege! Alle diese Teile werden von vorne aufgeklebt.
Ergänzen Sie die fertige Mütze und das weiße Hinterteil von hinten. Wenn auch beide Beine von vorne bzw. von hinten ihren Platz gefunden haben, fehlen nur noch die Innenlinien - und jetzt seien Sie einmal ehrlich: Können Sie diesem charmanten Choleriker widerstehen?

Wer ist denn das?

Farben:
Weiß, Rot, Hellblau, Orange, 2 verschiedene Brauntöne, Blau, Grün, Dunkelgrün

Vorarbeiten:

1. Donalds Kopf
Der Kopf bekommt von vorne seine beiden Augen und den orangefarbenen Schnabel. Von hinten wird die rote Mütze mit dem Pompon angeklebt.

2. Rechter Arm
An dem roten Ärmel fixieren Sie die rechte Hand.

3. Tierchen
Hier müssen Sie nur den Kopf auf dem Körper anbringen.

4. Sack
Zwischen die beiden Sackteile kleben Sie den Ball und danach das Paket, das anschließend noch von vorne mit einer schönen roten Schleife dekoriert wird.

Und so wird's gemacht:
Verzieren Sie Donalds roten Pullover mit dem Rollkragen und dem vorgefertigten Kopf. Jetzt von hinten die linke Hand und den Unterkörper fixieren. Wenn der vorgefertigte rechte Arm seinen Platz findet, dürfen Sie die Hand vorerst noch nicht fixieren: Der Sack muß zuvor noch daruntergeschoben werden! Das rechte (vollständige) und das linke (nicht vollständige) Bein werden von vorne bzw. von hinten angeklebt. Jetzt stellen Sie Donald auf die Bodenfläche und geben ihm in die linke Hand das Tierchen und in die rechte Hand den Sack. Wenn alle Innenlinien aufgemalt sind, kann Weihnachtsmann Donald die Geschenke weiter auspacken! Ob da noch mehr Überraschungen drin sind?

So ist er eben, ... schön und stark!

Farben:
Weiß, Hellblau, Orange, Pink, Curry, Anthrazit, Lila, Violett

Da Donald einmal komplett in Weiß ausgeschnitten wird, brauchen Sie nur von vorne die beiden Augen, den Schnabel mit dem Schnabelinneren und der Zunge ankleben.
Das lilafarbene Hemd ergänzen, die beiden Beine von hinten bzw. von vorne fixieren.
Und wenn Donald mitsamt seinen Innenlinien neben der dreiteiligen Hantel auf der Grundfläche steht, dann ist alles klar: So ist er eben....!

Gärtner Donald

Farben:
Weiß, Orange, Hellblau, Grau, 3 verschiedene Grüntöne, 2 Brauntöne, Schwarz, Dunkelorange, Sandfarben

Vorarbeiten:
1. Donalds Kopf
Bringen Sie das Auge und danach den orangefarbenen Schnabel an.

2. Linkes Bein
Das Hosenbein, den Hosenaufschlag und den linken Fuß zusammensetzen.

3. Hut
Der aus zwei Teilen bestehende Hut wird zusammengeklebt.

4. Harke
Der dunkelbraune Stiel bekommt das schwarze Verbindungsteil und sein graues Harkenteil. Sie sollten die Harke auf der Rückseite unbedingt etwas verstärken, damit sie nicht umknickt.

5. Rüben
Sie müssen alle drei Rübenteile mit jeweils drei Blättern vervollständigen.

Und so wird's gemacht:
Der rechte hellgrüne Arm sitzt auf der dunkelgrünen Hose. Bringen Sie von hinten den fertigen Kopf mit Hut, den linken Arm, die rechte Hand und das linke vorgearbeitete Bein an. Das rechte Hosenbein erhält von vorne seinen Aufschlag und den Fuß. Bevor Donald sich an die Gartenarbeit machen kann, muß er noch seine komplette Harke erhalten: das Stielteil mit Verbindungsstück und Harke von vorne, das kleinere Stielteil von hinten. Und ebenfalls von hinten noch das kecke Schwänzchen ergänzen.
Zum Schluß stellen Sie Donald auf die Bodenfläche, die Sie noch mit den drei fertigen Rüben ausschmücken. Die Innenlinien nicht vergessen!

Hallo, ein Brief für Dich!

Farben:
Weiß, Blau, Schwarz, Rot, Orange, Hellblau, Pink, Curry, Dunkelblau, 2 verschiedene Brauntöne, Hellgelb

Vorarbeiten:
1. Donalds Kopf
Kleben Sie von vorne beide Augen, den orangefarbenen Schnabel, das Schnabelinnere und die Zunge auf.

2. Donalds rechter Arm
Der blaue Ärmel erhält seinen gelben Streifen und von hinten noch die rechte weiße Hand, auf der Sie den aus drei Teilen bestehenden Bleistift fixieren.

3. Mütze
Setzen Sie die Mütze zusammen; ein schwarzes Teil sitzt auf der blauen Grundform, das andere darunter.

Und so wird's gemacht:
Donalds blaue Jacke bekommt von vorne den gelben Kragenrand, den gelben Rand des linken Ärmels und den kompletten Kopf.
Der rechte vorgefertigte Arm, die Mütze und der weiße Unterkörper werden von hinten mit Hilfe der Vorlage fixiert. Denken Sie auch an die große rote Fliege, die Donald besonders hübsch macht! Zum Schluß das rechte Bein von hinten, das linke Bein von vorne anbringen.

Der begeisterte Briefschreiber steht auf der Bodenfläche, auf der ein Stück weißes Papier oder Tonkarton als Briefpapier liegt.
Aber ohne seine Innenlinien fällt Donald gar nichts ein, was er schreiben könnte ...

So ein Pech!

Farben:
Weiß, Blau, Rot, Hellgelb, Orange, Hellblau, Hautfarbe, Grau, Orangegelb, Dunkelgrün

Vorarbeiten:
1. Donalds Kopf
Der weiße Kopf wird von vorne mit den Augen und dem Schnabel, von hinten mit der Kochmütze vervollständigt.

2. Linker Arm
Das blaue Ärmelteil bekommt von vorne den gelben Streifen und die weiße Hand.

3. Rechter Arm
Das blaue Ärmelteil erhält von vorne den gelben Streifen und von hinten die rechte, weiße Hand. Vergessen Sie nicht, den Löffel von hinten zu fixieren, der aber auf der Schulter liegen muß.

Und so wird's gemacht:
Auf Donalds blaue Jacke werden die beiden gelben Kragenränder, der komplette Kopf, die rote Fliege und dann der vorgearbeitete rechte Arm geklebt. Nun bringen Sie von hinten den fertigen linken Arm, den weißen Unterkörper und das linke Bein an. Wenn von vorne auch das rechte Bein fixiert ist, stellt sich der begnadete Meisterkoch auf die grüne Bodenfläche.

Dort liegt auch eines seiner Meisterwerke:
Eiweiß, Eigelb und zwei Schalenteile sind die Zeugen seiner hervorragenden Kochkünste!
Vielleicht gelingt's das nächste Mal etwas besser, wenn er seine Innenlinien bekommen hat.

Arbeit, ich komme!

Farben:
Weiß, Rot, Hellblau, Orange, 2 verschiedene Blautöne, Anthrazit, Grau

Vorarbeiten:
1. Donalds Kopf
Nachdem Sie das Auge angeklebt haben, folgen der Schnabel und von hinten der rote Schutzhelm.

2. Linkes Bein
Das blaue Bein erhält den Hosenaufschlag und darauf den Fuß.

Und so wird's gemacht:
Fixieren Sie das hellblaue Oberteil von hinten an der dunkelblauen Hose. Nun folgen die beiden Ärmelaufschläge und am rechten Bein der Hosenaufschlag. Bevor Sie den vorgearbeiteten Kopf ergänzen, muß noch das hellblaue Kragenteil angebracht werden.
Geben Sie Donald seine anthrazitfarbene Arbeitstasche in die rechte Hand, und kleben Sie diese beiden Teile am Hemd fest; auch der linke Arm darf nicht fehlen. Wenn Sie von hinten das weiße Schwänzchen, den rechten Fuß und das vorgefertigte linke Bein fixiert haben, kann Donald niemand mehr stoppen, nicht einmal die Aussicht auf viel Arbeit!
Kleben Sie den fleißigen Kerl auf die Bodenfläche, und vergessen Sie nicht, mit einem schwarzen Stift noch die Innenlinien aufzuzeichnen.

Unschuldsengel pur!

Farben:
Weiß, Blau, Schwarz, Rot, Orange, Hellblau, Hellgelb, Braun

Vorarbeiten:

1. Donalds Kopf
Kleben Sie die Augen und anschließend den Schnabel auf.

2. Linken Arm
Das blaue Ärmelteil bekommt von vorne den gelben Streifen und die weiße Hand.

3. Mütze
Die blaue Mütze mit beiden schwarzen Teilen bekleben und von vorne die Fingerspitzen der rechten Hand anbringen.

Und so wird's gemacht:
Donalds blaue Jacke verzieren Sie mit dem gelben Kragenrand, dem kompletten Kopf und der roten Fliege. An die linke Hand kleben Sie von hinten die fertige Mütze und bringen sie am Körper an.
Nun müssen Sie noch den fertigen Oberkörper und den weißen Unterkörper zusammenfügen. Wenn von vorne bzw. von hinten beide Beine angeklebt sind und Donald auf der braunen Grundfläche steht, geben die schwarzen Innenlinien seinem Blick noch die richtige Ausstrahlung.

Und sagen Sie selbst - kann ein Unschuldsengel unschuldiger aussehen?

Wandertag ...

Farben:
Weiß, Orange, Sandfarben, Hellblau, 2 verschiedene Grüntöne, Pink, Rot, Dunkelbraun

Vorarbeiten:
1. Donalds Kopf
Nachdem Sie beide Augen aufgeklebt haben, folgen der Schnabel und die Zunge. Der zweiteilige Tropenhelm vervollständigt von hinten Donalds Kopf.

2. Kaktus
Schmücken Sie diesen stacheligen Gesellen mit ein paar Blüten.

Und so wird's gemacht:
Donalds Pullover und sein Unterkörper werden zusammengeklebt.
Von hinten ergänzen Sie den dunkelbraunen Rucksack.

Das untere rechte Riementeil von vorne fixieren, die rechte Hand darüberkleben und dann die linke Hand anbringen. Bevor der Pullover seinen Rollkragen erhält, müssen Sie das obere linke Riementeil ankleben. Ergänzen Sie dann das obere rechte Riementeil und Donalds Kopf, und geben Sie ihm beide Beine, die ihn kaum noch tragen .... Der müde Wanderer wird auf die Wüstenfläche geklebt, der Kaktus darf von hinten nicht fehlen.

Und selbst wenn Sie Donald noch mit seinen Innenlinien vervollständigen, für ihn steht fest: Nie wieder Wandertag!

An alle Schrauben dieser Welt - ich warne Euch!

Farben:
Weiß, Blau, Schwarz, Orange, Grau, Hellblau, Grün, Dunkelblau

Vorarbeiten:
1. Donalds Kopf
Kleben Sie nur die beiden Augen am Kopf fest.

2. Linker Unterarm
Die linke Hand auf den grauen Schraubenschlüssel kleben.

3. Mütze
Die blaue Grundform bekommt beide schwarzen Teile, eines von vorne, eines von hinten.

Und so wird's gemacht:
Donalds Arbeitshose wird von hinten mit dem grünen Hemd und dem Schwänzchen ergänzt, von vorne werden die Ärmel- und die Hosenaufschläge fixiert. Nun kleben Sie von vorne beide Füße und beide Unterarme samt Schraubenschlüssel, von hinten den Kopf samt Mütze an.
Jetzt erst folgt der Schnabel. Der fleißige Handwerker findet seinen Platz auf der Bodenfläche, wo eine dieser verhaßten Schrauben liegt!

Mit einem schwarzen Stift die Innenlinien ergänzen, und nun überlassen Sie Donald und die Schraube ihrem Schicksal!

Cowboy Donald Duck

Farben:
Weiß, Hellblau, Orange, Dunkelgrün, 3 verschiedene Brauntöne, Blau, Grau, Schwarz, Rot

Vorarbeiten:

1. Donalds Kopf
Kleben Sie beide Augen und danach den Schnabel auf.

2. Linker Arm
Das grüne Westen-Arm-Teil bekommt von vorne die schwarze Manschette und dann die weiße Hand.

3. Cowboy-Hut
Kleben Sie hinter das große Hutteil das kleinere Teil.

Und so wird's gemacht:
Nachdem Sie von vorne auf das braune Hosenteil das weiße Bauchteil und auch das weiße Schwänzchen geklebt haben, folgt der Pistolengürtel.
Jetzt das blaue Hemd anbringen, die Waffe fixieren und die Pistolentasche vervollständigen.

Das rechte grüne Westenteil ergänzen Sie mit Hilfe der Vorlage von vorne an dem richtigen Platz, bringen dann das rote Tuch, die rechte schwarze Manschette und die rechte Hand an.
Von hinten werden Donalds vorgearbeiteter linker Arm mit dem grünen Westenteil und die Füße angeklebt. Dann bekommt der edle Cowboy seinen fertigen Kopf samt Hut.

Nun müssen Sie dem Westernhelden nur noch mit einem schwarzen Stift Leben einhauchen!

BYE-BYE!